LA ESTRELLA QUE MÁS BRILLA

APRENDER A DESPEDIRSE CON AMOR

Rosa Llorens López

Prólogo

Dolors Alberola

Solo tomó una nube

Cómo decirle a un niño que el abuelo no está, que no se ve, que no sabemos dónde ni cuándo le veremos de nuevo. Cómo explicarle el mundo o el no mundo donde sigue viviendo y recuerda su nombre. Cómo hacerle entender que ya no habrá un día en el que compartir con él un plato de paella o llegar hasta el mar y mojarnos los pies al lado de sus grandotas huellas. Cómo abrir el misterio como se abre, en su sangre, una sandía enorme y dejar las pepitas de las dudas con su oscuro visible y su brillo de luz al descubierto. Y con qué palabra, con qué grito infantil, con qué ilusión, trucar ese sonido trisílabo y armónico a-bue-lo. Si ya no hay, pero aún existe. Cómo decirles eso.

Pero un niño lo entiende. Un niño vino luego. Un niño aún recuerda, lo adivina, lo sabe.

Le pregunté a mi nieto si creía en el eterno retorno de las cosas, en eso que, en el libro sagrado se nos dice..., en aquello de que todo lo sido es y volverá a ser. Su respuesta fue pronta y contundente: «Pues, claro, abuela. Es lo que hay».

Dulce memoria la de los cinco años. Ahora ya no cree. Pero su mente limpia, no repleta de vanos aprendizajes, supo. Sabía que no existe la muerte, todo es vida. Son estancias diversas de la vida, como son las pantallas de nuestros videojuegos; pasamos de una a otra, pero sigue lo que es, sin

desfallecimiento. Como eso, evidente, de la energía que, ni se crea ni se destruye, solo se transforma.

Sé que duele el dolor, el dolor que es cuchillo de la clínica al cole; el dolor que se esparce desde el último pelo a la desnuda suela del zapato; el dolor que nos muerde más allá del bocado y nos tapa las últimas respuestas. Pero por esa cosa que tenemos los niños, en la edad de ser padres o abuelos, bisabuelos, de los niños que fuimos y que seremos siempre, miramos esas luces que nos miran de arriba y olvidamos que arriba es, a veces, abajo y que arriba y abajo son azules. Pero arriba, en nuestro planisferio niño, está siempre el abuelo. El abuelo de Rosa o el mío o el de todos los niños de las guerras o el abuelo de cada criatura que cree en lo profundo (y el de las que no creen).

Y los abuelos-pájaro, los abuelitos-ángel, los yayitos-cometa, los yayos-arcoíris, desde allí nos protegen y no se mueren nunca.

Anita, Lidia, no dejéis de buscar la más brillante, la estrella más lejana, la almohada de nube capaz de eliminar el dolor del abuelo.

Él me ayudó, callado, a escribir las palabras de esta nota. Él ayudó a escribir el dulcísimo cuento, *La estrella que más brilla*. Él encendió las luces donde antes hubo dudas. El guardará el camino de retorno y os dará un abrazo. No me ha dicho ni dónde ni en qué sitio, pero una luz enorme entró por la ventana hace un ratito. Y la luz, como aquello dicho de la energía, nunca será sino la luz, con la sonrisa y el amor más enorme de los abuelos dentro.

LA ESTRELLA QUE MÁS BRILLA

APRENDER A DESPEDIRSE CON AMOR

Durante once días estuve permanentemente a su lado. A lo largo de ese tiempo actué con la mayor naturalidad posible. Hacía lo que se esperaba de mí; siempre con la mejor cara posible y el deseo constante de conseguirlo.

El miedo, como compañero inseparable de viaje, no me daba tregua ni un suspiro en la cordura.

Me decía:

—*Lo dejo en tus manos, haz lo que creas.*

José es una persona buena y generosa. Trabajador, honrado, familiar y muy cariñoso. Disfruta de una vida feliz junto a su esposa y a sus cuatro hijos. Es un padre como hay muchos; pero increíblemente especial para los suyos.

Intentaba convencerme de que la situación que nos atormentaba era transitoria y me repetía hasta la saciedad:

—*No vivas como una tragedia aquello que es inevitable. Casi todo tiene su razón de ser y no es preciso encontrar siempre la respuesta precisa. La mayoría de las veces la conocemos, aunque nos neguemos a aceptarla.*

Mi abuela materna y madrina, muy vitalista y luchadora, me decía:

—Cariño, si tiene solución, ¿para qué preocuparse? Y si no la tiene, ¿para qué sufrir de antemano ante lo inevitable? En esta vida, hay muchas cosas que se escapan a nuestro control. Aprende a ocuparte de lo estrictamente necesario, libérate de la preocupación constante, porque solo supone un lastre y eso te merma la posibilidad de pensar con calma y actuar con tranquilidad.

Permanecía junto a los médicos, les preguntaba una maraña de dudas, firmaba los permisos y autorizaciones necesarias; con las entrañas rotas y el corazón a medio gas. Y vivía para él como si fuera mi última misión. Agradecida a mi padre por permitirme compartir tanta agonía a su lado mientras se apagaba su estela.

Hablaba con mis hermanos y me convencían de que tener dudas era lo más natural. Confiaban en mí como hermana mayor y la responsabilidad se me incrustaba en todos los poros de la piel.

Constantes mensajes me aturdían llenándome la mente.

No te sofoques si no cesas de tener dudas. Si dejaran de abrumarnos tendríamos una visión sesgada de la realidad que puede no ser la justa para él ni lo que más necesita.

Por el miedo a perder cristalizamos el miedo y la escarcha nos impide actuar para superarlo.

La verdadera libertad es sentir lo que tu corazón desea, sin interferencias externas, porque se es más libre cuando se actúa coherentemente y las acciones que emprendes no merman la libertad del otro.

Recuerda que no nos pertenece, que necesita hacer su camino, que necesita dejar de sufrir. Tiene todo el derecho a recuperarse o a descansar. Es su vida y no debemos privarle de continuar su camino.

Son las palabras que me repetía mi hermana Elisa.

Yo estaba a su lado. Sostenía la mano de mi padre con misericordia, como se acaricia un pétalo cuando se resquebraja ante el viento trémulo que acecha la quietud del destino certero.

Le acompañaba en el tránsito a lo terrible y desconocido por el que atraviesa cualquier ser humano una vez en la vida.

Ocupábamos una habitación blanca de hospital. Todo allí era triste. Todo brillaba en blanco o verde. Todo olía a limpio sin serenidad.

Todo, absolutamente todo se convirtió, de repente, en transparente.

Un atronador silencio nos hizo enmudecer. Estábamos junto a su cama mi madre, dos de mis hermanas y yo. Con los ojos cerrados, la boca entreabierta, el semblante agotado, pero amablemente sereno, junto al calor de nuestra piel y las caricias que le envolvían de amor, el cuerpo inerte del papá se nos esfumó de entre las manos.

Yo había estado la mayor parte de esa mañana dedicándole, en voz baja, como cuando suplicas al universo, las palabras más sinceras, tiernas y reconfortantes que fui capaz de encontrar.

Perdida en la desolación, una pizca de esperanza regalaba con oraciones. La voz se me quebraba en la garganta y lloraba sin tener la certeza de que me escuchara. Sentía que éramos nosotros contra el mundo. Y el mundo me parecía perfecto en esa comunión.

Mentalmente intentaba inyectarle paz, la que yo no tenía; pero él merecía.

—*Quédate a mi lado, lucharé como una esclava, me enredaré en tus venas, seré tu primavera, la que reconforte la frialdad de tu cuerpo, y soportaré tu dolor porque ¡yo sí puedo!*

Noté como papá me apretó la mano levemente y me quedaron grabadas, a fuego de amor, estas palabras:

—*No te dejo. Soy tu estrella. La estrella que más brilla, y te necesito.*

Ahí todo cambió. En ese instante algo diferente y nuevo comenzó a brotar de un espacio gris y retorcido que jamás había visto.

Se me hizo el mundo pequeño, la habitación enorme, se volvió el techo pesado, rígido y se desplomó sobre mis sienes.

El pegajoso calor heló el sudor que me cubría. Una inmensa luz nos deslumbró por completo y nos miramos sin poder vernos. Mamá, descompuesta, mis hermanas, resignadas y todas, en un mundo paralelo, en un cuento sin historia porque esa nos llegó impuesta y nunca la hubiéramos escogido.

Un eterno y estremecedor momento nos golpeó y se instaló en cada una de nosotras por y para siempre.

Con el frío en los huesos, el alma calada y el pecho hueco, intentamos retenerle. Mirándole, desde la proximidad más lejana y remota del desconcierto, luchamos por atraparle unos minutos más.

El universo conspiró para abrazarnos en una eternidad finita. Unos ángeles blancos elevaron su cuerpo y su aliento nos dio calor.

Lo protegió del sol una nube enredada que le bailó entre caricias.

Una celestial melodía lo arropó cuidadosamente y el helor de la temprana mañana en brisa se convirtió y lo transportó.

Pasaron tres horas varadas en la memoria inconsciente.

Ya en el taxi, camino del colegio a recoger a mis hijas, sorbía las lágrimas que arañaban las pestañas pegadas a los párpados rojos e hinchados.

Mientras, me repetía:

—*¡No me lo puedo creer, no me lo puedo creer!*

Pensé cómo iba a contarles la situación vivida a las niñas. No se me ocurría de qué forma empezar, cómo besarlas sin que les traspasara el dolor que me mordía por dentro las entrañas. Cómo desencajar la mandíbula para que me saliera un hilo de voz.

Necesitaba borrar ese espacio de tiempo. Dormir sin memoria una semana. Dejar de existir durante un rato. Recuperar el aliento.

Mi corazón no aguantaba tanta soledad repentinamente impuesta, tanta impotencia. Me perseguía su rostro, me acompañaba su sombra, aunque no se lo pidiera; como quien pretende custodiar la insoportable pena de una herida recién abierta que duele más porque no sangra.

Con las piernas temblorosas, oliendo todavía a él, me cubrí los ojos pretendiendo desaparecer. Deseé hacerme inocentemente diminuta, pertenecer a otra galaxia. En pocos

minutos mi mente hueca se llenó de una espesura inmensa y sentí posarse la calma en la palidez de mi frente hirviendo.

Me estaba hablando mi padre. Podía oírlo y lo sentía con una potencia y nitidez imposibles de describir.

—*Me agarro a la vida, a una vida nueva, y estoy tranquilo.*

Un puñal afilado me fracturó el corazón en pedacitos cuando mi padre me pidió:

—*No me falles. Un tributo a cada minuto de amor que acarició mi ser te pido. No me dejes, no me abandones dándome por perdido.*

Bajando del taxi, completamente descompuesta crucé la acera en dirección a la puerta del colegio, a paso lento e impreciso y oía retumbar en mi mente:

—*Escucha a tu corazón, él graba todos los secretos del alma. No te recrees en el pasado, que no volverá, cuando en el presente me notas tan cerca. ¿Me sientes, princesa?*

»*Desde lo alto de mi estrella veo el mundo pequeño y nada me da miedo. En mi horizonte solo os tengo a vosotros y me siento muy afortunado.*

»*Cualquier persona es capaz de conquistar lo que necesita o lo que desea con pasión. Basta con proponérselo, tener paciencia y luchar por los sueños. Si hay armonía en tu mente, estos se cumplen.*

»*La voluntad y los buenos actos determinarán el final y, con constancia, puede que los consigas. No te rindas, no malgastes el presente añorando el pasado o lamentando lo que no alcanzaste.*

»*Mi destino estaba escrito. No me cortes el camino si tropiezas al no ver el tuyo. El trayecto será abrupto; pero siempre podemos volver a sentir lo que teníamos antes. Hija, no te obceques, el pasado se ha ido. El presente es el ahora, y el recuerdo, si te paraliza para actuar, ¡abandónalo! porque es tu peor enemigo.*

Necesitaba encontrar un millón de motivos para ser más fuerte. Era urgente, cubierta de dolor, expuesta y ante la coraza que me aplastaba.

Besé a las niñas con tanto fervor que me quedé más vacía y desconsolada de lo que había llegado; pero ellas me dieron coraje. Disfruté del momento como si fuera el último adiós de mi padre o el primer reencuentro de nuestras vidas.

Cogí de la mano a la pequeña, sujeté su mochila y dejando caer el peso de mi brazo sobre el hombro de la mayor anduvimos en silencio entre el bullicio y griterío del patio del colegio repleto de almas felices.

Fue un silencio corto y roto por la pregunta de Ana. Reaccioné.

—¿Cuándo iremos a verlo mamá? ¿Todavía está en el hospital?

—No, cariño, no. En el hospital ya no está.

—¡Qué bien, mamá! Ha vuelto a su casa.

—No, princesa, a su casa tampoco ha ido.

—¿Dónde está el abuelito, mamá?

Tragué un sorbo de saliva tan espesa como amarga que, como arenilla, me raspó la garganta. Me pesaba el aliento tanto como mi cuerpo.

—Se ha marchado tranquilo, sonriendo y en paz. Ha subido al cielo junto a las estrellas. Allí arriba, ¿la ves?, ¡es la que más brilla!

—Veo la estrella; pero al abuelo... no lo veo, mamá.

—Lo sé, pequeña, no ves su cara porque está muy lejos; por eso brilla tanto, para que lo puedas diferenciar de entre las demás.

—Tampoco puedo tocarle y, si le hablo, ¿me contestará?

—Posiblemente pocos le oigan, pero tú, sí. A ti seguro que te responderá. Solo tienes que intentarlo con todas tus fuerzas, que contarle lo que te pasa, que pedirle lo que deseas; porque el abuelo siempre, siempre te va a escuchar.

—¿Me lo prometes, mamá?

—Yo así lo hago y me funciona. Es como si hubiera una línea directa al cielo y nunca se interrumpiera.

Cuando el sol brilla, él descansa y nos mira. Durante la noche, la estrella del abuelo ilumina nuestro camino para que no nos sintamos tristes, para que no estés sola, para

que veas su luz y sepas que, además de mirarte, te protege.

Ha subido tan alto porque allí tiene de todo. No pasa frío ni calor, no siente hambre ni sed, nunca nota el dolor y, con su alegría, reparte felicidad entre todos los que quiere y le recuerdan.

Pasan los días entre una rutina extraña. Ana, cada mañana al despertarse, mira al cielo y dice:

—Buenos días, yayo.

Va al colegio y le trae un dibujo que le enseña elevando sus manitas al firmamento:

—¡Mira, abuelo! Somos nosotros en el parque. Yo me tiro del tobogán y tú me abrazas.

Por la noche, al irse a dormir, clava sus verdes ojos a través del cristal de la ventana y busca a su yayo en el horizonte. A veces las nubes, algún pájaro o el rugir de un avión se interponen en la búsqueda de la estrella que más brilla. Siempre la encuentra. Siempre está ahí.

El alma del abuelo no se ha marchado del todo ni para siempre. Solo tomó una nube como colchón para que no le doliera la espalda. El calor del sol para no sentir frío. Respira aire puro del cielo que le quita la tos y no necesita controlar las horas del reloj porque no necesita medicación.

Y cuando quiere hablar con nosotros, hace que le recordemos. Solo miramos allí arriba, al lugar más lejano, cómodo, tranquilo y con mayor sosiego del que disfrutan las personas de corazón sincero.

Si algún domingo queremos llevarle un regalo, vamos al cementerio. Ahí está su foto y le damos un beso, le dejamos un ramo de flores frescas para que su aroma llegue bien lejos. Cuando regresamos otro día, las flores no están porque los ángeles han bajado a recogerlas. A él le encanta olerlas.

El pasado domingo pusimos una planta natural junto a su tumba. Va creciendo como el amor que sentimos tan fuerte y constante.

En la lápida descansa su nombre escrito y a los pies de su foto el epitafio

«SIEMPRE CONTIGO».

Ana me pregunta:

—¿Por qué no vemos a los ángeles, mamá?

—Porque son mágicos como los Reyes Magos. Cada persona tiene el suyo, no se dejan ver, aunque nos acompañan siempre.

—El abuelo ¿se pone triste alguna vez?

—Cuando lloramos o tenemos alguna pena, el abuelo llora también. Caen del cielo muchas gotitas y las que a ti te mojan son sus lágrimas que quieren pedirte que no derrames ni una más, porque él siempre te protegerá y, aunque con sus manos no te roce, te las secará.

El tiempo pasa y, a sus cinco años, Ana escribe la carta a los Reyes Magos de Oriente y le pide un regalo a Baltasar para el yayo. Hace la función de fin de curso en su colegio y se lo dedica a su abuelo que está en el cielo.

Es una niña con suerte. Antes el yayo Pepe estaba enfermo cuando íbamos a su casa a verle. Ahora se ha curado, no le duele nada. Y siempre está en su pensamiento y en sus sueños como una gran fuente de luz abrigándole ante lo incierto.

El abuelo es el padrino de mi hija mayor, Lidia. Con casi trece años, es algo más reservada. Su personalidad e instinto de protección nada tienen que ver con los de su hermana pequeña.

Nunca ha ido a un cementerio. Evita hablar del tema y, como madre, lo respeto.

Un día me dijo:

—Mamá, aunque no me veas llorar, tengo una pena muy honda aquí dentro.

Se llevó las manos al pecho, estirando del pijama con tanta rabia que me sobrecogió.

—¿Se ha muerto del todo?

Abrazándola, respiré hondo y le respondí:

—Cuando amamos y creemos plenamente en alguien, nos sentimos más fuertes. A veces nos invade la serenidad y certeza de que nadie podrá vencer nuestro sentimiento más profundo y secreto porque es solo nuestro y no deseamos compartirlo. Tampoco esperamos nada a cambio, no hay egoísmo. No conozco una persona que haya muerto un poquito. Cuando se muere, es del todo y para siempre.

Pocos días después, sobre el escritorio de Lidia había un folio lleno de corazones. Clavé la mirada y leí.

Nunca hablaste durante tanto rato ni pensaste en mí tan seguido. Un día me fui, pero no me alejé de ti. Nuestro recuerdo nos mantiene conectados permanentemente. Tu amor es mi fuerza. El poder de las palabras es inmenso, la constancia y la bondad de tus acciones marcan el trayecto.

Hay días grises, otros torrenciales, hay veranos que se adelantan e inviernos muy crudos. Mi niña, permanezco en el latir de tus inquietudes.

No siempre es necesario explicar tus emociones, vive con ellas de manera coherente y los demás las captarán sin necesidad de explicaciones.

Las palabras se las lleva el viento, lo que nunca se dice perdura por siempre intacto.

Me pregunto ¿quién le escribía a quién? Cómo podía existir tanto amor y tan tremenda dosis de empatía.

MENSAJE a todos los niños y niñas del mundo de parte del yayo Pepe:

En el cielo, cada uno de vosotros tenéis vuestra estrella, «la que más brilla», y solo vosotros podéis verla lucir de forma especial.

Allí está el papá, la mamá, el abuelito, la abuela, el primo, el tío, el hermano o amigo que habéis perdido en la tierra.

Yo los he visto a todos, convivo a su lado a diario y, al igual que yo, ya no sienten dolor, pena ni carencias. Están en un remanso de paz eterno y disfrutan de libertad emocional. Nos ayudamos, nos comprendemos y os queremos.

Somos una gran familia que alumbramos **VUESTRAS VIDAS**.

La estrella que más brilla

© Texto: Rosa Llorens López
© Ilustraciones: Mª Ángeles Llorens López y
  Rosa Llorens López
© de esta edición: Kalosini, 2025

ISBN: 979-13-87620-61-5
Depósito legal: V-1087-2025
Impreso en España

KALOSINI, S. L.
Grupo editorial olélibros
equipo@olelibros.com
www.iglueditorial.com